JN440208

그 이상의 오브제

김수지 시집

문학의전당 시인선
369

그 이상의 오브제

김수지 시집

문학의전당

시인의 말

유(有), 무의식(無意識)을 차지하는 한 단어가 있다.
인연!
흔하디흔한, 될 대로 되라, 식의 개념이 아닌
오고 가는 숱한 인연들, 자연과 사람을 통틀어서
그 행간들 사이 내 몫의 지음에 대해 생각한다.
착(着)을 두지 않되, 마음을 내는 데는
지극해지고 싶다.
쉽지 않지만 명료하게 지향한다.

2023년 9월
김수지

차례

제2부

제3부

제4부

제1부

참나를 찾아

육문(六門)* 혹은 그 밖에서
아우성치던 나,
가아(假我)

오래전
이미 나는 나였고
그냥 쭉 나 아닐 때도
나이다

---

*안이비설신의(眼耳鼻舌身意).

난타나꽃

아직 하늘가엔 물기가 그렁하게 고여 있고
늦여름이 촉촉하게 남아 있어요
요즘 들어 부쩍 말개진 햇살과 성긴 바람을
부지런히 버무려서 불쏘시개로 써야겠어요
중불에 올려서 끓입니다
이제부터 약불로 내려서 뭉근히 졸이기 시작합니다
시간이 흐를수록 아마도 일곱 번
그 이상은 색깔의 변화를 주는군요
얼마나 졸였을까, 완생으로 가는 길목은
봄부터 겨울을 무던히도 오갔겠지요
가만히 들여다보세요
막 매듭진 단막극처럼 단독으로 피어나
다닥다닥 모여서 큰 송이를 이룬 거예요
요람에서 시작하여 거듭 변주되어 온 여정이
따로 또 모여 단단히 어깨를 걸고
둥글게 둥글게 강강수월래를 불러요
그게 다가 아니에요
드디어 샛노랗게 익어서 마지막이라 생각한 둥근 일생이

붉고 붉은빛을 뿜어대네요
카프카도 능가할 '변신'을요
난타나꽃*이 붉은 색깔로 무르익어서 타고 있어요
활활 타고 있어요!
그리곤 넘어가는 중이에요 저쪽으로요
무엇이 목에 걸린 것처럼 뜨거워요
서녘 끝이 활활 타는 저걸 좀 보세요
해탈이에요!
분명히 건너가는 바라밀다 아닌가요

---

*둥근 해처럼 생긴 꽃. 피어서 질 때까지 색깔이 일곱 번 변색을 해서 '칠변화'라고도 한다.

심우(尋牛)

세상에 나온 이래

부모미생전 이래

언제 제 소를 놓아 본 일 있나?

세간을 떠나 출세간에서도

모든 삼매(三昧)에 들어

몇 날 며칠, 평생

들로 산으로, 사람들 속 헤집고 찾아다닌들

무소용!

소는 보이지 않는다

그 소!

제 울 밖으로 나간 일

한 번도 없다

눈 오는 날

한바탕 꿈속을 끌고 나온 거야!

피가 뜨거운 노마드 족(族)
바람을 밀며 천지에 말발굽 소리 폭발하지

햇살이 벌건 낯술을 벌컥거린 오후
무채색 광합성이 가능하고
그런 날 희한하게 채도는 높아
나무들은 희디흰 꽃잎을 수북이 달고
눈부시게 반짝이지

피어나라 피어나라
세상은 온통 밀수제비 끓는 소리로 만개하지

몽유(夢遊)에서 일어난 어지러움이 허방을 딛고
소리 없이 비상하는 부신 꿈새를 좇는다

무덤을 써다오!

지금 죽어도 괜찮을

사랑이 펑펑

윤이월(閏二月) 지나

메마른 봄날
이른 아침 창가에 동글동글 눈물이 맺혀 있다

밖을 내다보니 나무들마다 흠씬 젖어서
대답 같은 눈물
연두 한 잎씩 대롱인다

무정설법(無情說法),
비는 내리고……

내 안의 부처

바람은 본래
머무는, 걸리는 바 없이
마음을 내고
물처럼 흘러 벌써 저만치 가고 보이지 않는데

한번 인연으로 일어난 나는
그칠 줄 모르고 매양 걸려 넘어지네

상(相)에 걸려
쌓인 흔적만 해도 산더미

그렇게 윤회의 언덕을 오르내리는
21세기 시시포스

내 안의 부처는
오늘도 가타부타 불참견(不參見),
여전히
여여(如如) 하시고

동백꽃전(傳)

어찌 알리오
꿈길에서조차 몰랐소

시공(時空) 밖 무성한 숲길을 따라
여기 오셨다는 걸

수 세기 전
서둘러 이미 깨달은 그이들이오

결기가 대(竹)처럼 곧고
예(藝)가 무르익어
여전히 그윽하고 아름다웠소

황진희
허난설헌
논개
꼭두쇠 바우덕이……

한 번도 보지 못하여 심증만 부푸는 날
물증을 가득 안고 오시는 당신들의
행진을 보고 있소

이 엄동에 오시어
뜨거운 마음을 콸콸 토해내고 있소
마침내 세 번째* 피어나는 중이오

그때도 그랬듯이
꼬투리도 마르지 않은 붉은 가슴을
툭, 툭 떨구고 있소

---

*한 번은 나무에서 피고, 두 번째는 땅에 떨어져서 피고, 세 번째는 시공을 넘어와서 피어난다.

미치다

다가가는 결론 늘 부족해!

사랑에,
일에,
예술에 미치고 싶어 안달이지
미쳐 죽고 싶다고……

한 틈도 허용하고 싶지 않아
물아일체를 꿈꾸지
그래야
시가 나오고
노래가 나오고
그림이 나온다고……

얼마나 미쳤으면
한 찰나에 대오(大悟) 하는가!

껍데기 나를 벗고

삼독(三毒)의 끼어듦을 일체 불허하고

찰나에

미치고 싶다!

생폴 드 방스*

샤갈을 안다는 건
힘을 뺀다는 것

힘을 빼고
나의 늙은 애인과도 둥둥
나의 개 까치와 고양이 낭구와도 둥둥
하늘과 꽃, 사람들과 나무와도 둥둥

따뜻하게, 때론 강렬하게
원초적인 색깔을 입고 누비는 거야

순수하고 총명한 염소의 눈망울처럼
신비롭고 아름다운 세상을 사는 거야

샤갈의 마을에
홀가분한 마음이 둥둥

---

*남프랑스, 가장 따뜻한 언덕에 위치한 마을. 마르크 샤갈이 그의 벗들과 그림 그리며 살다가 묻힌 곳.

백일장

겨울나무들, 전원이 참석한다
심장에서 가장 먼 말초신경을 끌어와
부푼 먹물의 마개를 열면
가는 촉에서 번져 나오는 잉크 방울들
허공은 벌써부터 구겨진 파지로 난장이다
시간이 흐르고 일몰 전의 마감을 엄수한다
교정을 마친 수많은 이야기들이
물 찬 제비처럼 말쑥하게 하늘을 가득 채우고
가끔은 새들도 신이 나서
갈지자로 산지사방 낙서를 해댄다
해 지면 잉크빛 글들 다 지워질라,
칼바람 한바탕 불어올 때
수북이 쌓인 파지들 수수수 지고
눈 시리게 빛나는 글짓기 한마당,
겨울 하늘은 스토리텔링으로 풍성해졌지
호수의 한가운데처럼 푸르고 깊어서
겨우내 고비사막 같은,
목마른 시간을 건너가리라

꿈을 꾸다

어젯밤
수다스럽게 꿈을 꾸었다
매사, 다채롭고 스피디하게 전개된다
어찌 그리 생생할까,
의심의 여지가 없었던 꿈속 세상
깨고 보니
방금, 눈 깜짝할 새 막 손아귀를 빠져나간
바람 같았어
바람, 바람, 바람
실체는 한 올도 없는……

여기
드라마틱한 생
찰지고
익은 과일처럼 달큰하고
다채롭고 성급한 시간이 흐르고 있다

어젯밤 한바탕 꿈속 세상과

너무나 닮아 있는,

모든
일어나는 만 가지 법(法)
돌이켜보면 한 줌 마음에서 시작한
또 돌아보면 공(空)이 한가득

대입법(代入法)

초등학교 저학년 때
일기장을 보신 선생님은 한결같이 말씀하시지
"첫머리에 '나'는을 쓰지 말아라."
내 얘긴데 왜 '나'는이 빠져야 하는지 의아해하며
툭, 툭 튀어나오는 '나'는을 빼느라 애먹었다

너에게서 나를 빼면 제로가 아니라
너가 남는다
당신 빼기 나는 제로가 아니라
당신이 남는다

언제나 말하지
(다 너를 위한 거라고!)
다 당신을 생각해서, 배려해서
(내가 이러는 거라고!)

일어나는 생각들을 그러모아 챙겨본다
모래 한가운데서, 늪 한가운데서 힘을 주고 다툴수록

푹푹, 쑥쑥 빠져들 일만 남는다는 걸

빛보다 빠르게 분열하고 변하는
무수한 '나'를 대입하지 않아도
진짜 나는 끄떡없다

무상(無常)에 이르는

삼월은 아르고스의 눈처럼
초롱초롱 눈을 뜨고
이분법 같은 천지간에
봄볕이 구축해 놓은 알고리즘 만연하다

새들이 묵은 문을 열고 나와
생(生)을 노래하는 동안에도
반짝이는 찰나는 멸(滅)의 관을 짜고 있지

거듭 우화하며
종일 굴러온 둥근 해야
네가 풀어놓은 붉고 뜨거운 강물에
모든 쑤시고 결리는 뼈의 아픔들을
슬며시 담그는 석양 무렵

분주하게, 은밀히
차안(此岸)을 건너가는 소리

수박

내가 만약
작고 작아져서 개미만 해지면
슥슥 붉은 살 속 깊이 파고 들어가
젖 먹던 힘 다하도록 헤엄을 쳐도
이 얼마나 신나는 일인가!
내가 만약
작고 작아져서 콩알만 해지면
달짝지근 삼삼한 폭포 속으로 뛰어 들어가
배가 불러 동동 뜨도록 단물을 퍼마신다면
이 얼마나 신나는 일인가!
요리조리 비켜 헤어나올 수 있게
까맣고 단단한 징검다리 수두룩 많기도 해
생각만 해도, 생각만 해도
신나는 일
입안 가득 쏴쏴
여름 소낙비 시원하게 쏟아지는 소리

제비꽃

시멘트 블록 틈을 비집고
제비꽃 한 줌 함뿍 벙글어 생글거린다
저 제비꽃 식구들, 처음부터 땅딱지는 아니었겠지
복잡한 시절인연을 감안해 많은 꽃대를 밀어 올린 거다
서둘러 신방(新房)을 차리느라 따지고 말 겨를이 없었겠다
조롱조롱 다둥이들 태어나서
마당도 없는 비좁은 집이 시끌벅적하다
비빔밥처럼 왁자한 햇살이 또 봄을 주르르 꿰는 동안
옆집 제비꽃 어멈이
곧 해산할 기미를 보이며 묻는다
여보세요, 키 큰 양반
요즘 그곳에선
거국적으로 저출산(低出産)이
대유행이라면서요?
입안에서 미처 빠져나오지 않은 내 대답은
(안 결혼, 안 출산이 대유행이라네요!)

제2부

응축

눈이 펄펄 내려 금세 쌓이는 길을 걷다가
되돌아오는 길,
오롯이 찍힌 내 발자국을 본다

평생의 무게가 고스란히 실린
꼬리, 지느러미, 몸통 다 떼이고
여기까지 헤엄쳐 온,
정박을 밥 먹듯이 하다가
기신기신 기어서라도
다시 헤엄쳐 가는
저 빈 배의 뒷모습을 이제야 보네

한 줌의 삶이 흰 억새꽃처럼 가볍게 고여서
증발하고 있는 중이라는 걸

자연과 나의 합작
그 이상의 오브제는 없지

잼이 익어가는 시간

남편은 아침식사 대용으로 식빵에 잼을 바르고
치즈 한 장 올려서 우유 한 잔을 곁들인다
토스터에서 갓 튀어나온 따끈한 식빵의 고소함을
아이처럼 좋아한다

씻어 물기를 뺀 딸기 한 바구니를 스테인리스 냄비에 붓고
약불에서 시작한다
천천히 열기가 오르면
때글때글 멍울진 마음들이 부대낀다
소리 없는 다툼이 길어진다
좀처럼 풀 기미를 보이지 않다가도
서로의 단단함과 모서리를 뭉개기 시작하다
그래도 아직 멀었다
시간이 흐를수록 뭉근해진다
맺힌 옹이와 날 세웠던 힘도 빼고
서로를 향해 풀지 않던 멍울도 삭히고
말랑하게 결이 부드러워질 무렵

마지막으로
그가 선호하는 달달함을 생각하며
몸에 좋은 올리고당을 듬뿍 넣고
다디단 스테비아를 훌훌 뿌리고 소금 두어 꼬집을 넣어
간을 맞춘다

그와 나의 시간에 흐르던
잉여의 수분을 날려버리고 알맞게 졸여졌다

임플란트

드르륵, 드르륵, 드르르……

도시 개발이 한참인 우리 동네
도로의 반을 가드레일 치고
표면을 뜯어내느라 쇠박음질을 해댄다
두더지가 쑤셔놓은 듯
아스팔트 뗏장이 떼걱떼걱 일어난다

흰 가운을 입은 의사는
육십을 넘게 달려온 길 하나를
긴 의자에 눕힌다

민첩하고 숙련된 손길이 발파작업을 시작한다
드르륵, 드르륵, 드륵드륵……

순삭된 시간의 뿌리를 말끔히 들어내고
21세기의 튼실한 광물 기둥 한 주를 시공하는 거다

몇십 년 전 시골 마을엔
앞니 두서너 개 없는, 양쪽 어금니가
위아래 다 빠진 노인들이 태반이어서
무얼 먹을 때 합죽합죽
웃을 때도 합죽합죽

지금 그 노인이
어금니와 송곳니를 갈아 끼우고 있다

솔방울

운동 삼아 솔밭 그늘을 걷는데
솔 기둥 사이로 솔방울이 널려 있다
솔씨도 아니고 열매도 아니고
왜 방울인가?

끝자 '울'을 천천히 발음해본다
꽃망울, 눈망울, 솔방울
한 세계를 향한 '오로지'이고 '소우주'이다
밖으로 나가기 직전의 고요
세모, 네모, 다모를 끌어안은
울안의 평화가 한가득

바람이 분다
저 솔방울들 배시시 웃으며 떨어지는 사이
솔씨는 날개를 달고 푸드득 날아올라
자유를 찾아 떠나고
솔방울은 그제야 조금씩 몸을 연다
땅바닥엔 방울꽃들이 벙글고 꽃웃음이 터진다

마흔 살 무렵
솔방울 같은 식솔들과
꺼지듯 바닥에 풀썩 주저앉았을 때
벙글어 보기는 영 힘들었다

고양이 인사법

아홉 해를 동거하는 우리 집 냥이

지난밤 잘 잤느냐고?
외출은 잘하고 온 거냐고?
차려준 밥은 잘 먹었다고,
마주칠 때마다 한결같은
인사를 한다

올 때부터 우리는 말하지 않았다
세밀한 혹은 과한 제스처는 더더구나 없었다

서로
눈 한번 꾸욱 감았다가
동그랗고 분명하게 떠주면 되는 거다
그게 다다
눈 키스 한 번에
그렇고 그렇다, 는 말이라는 걸 안다

그것이

저 빙그레, 이고

시, 이고

마음, 이지

꽃님이

내 머리 위 허공을 오가며 놀던 새들
기억의 씨앗만 뿌리고 갔는지
흔적도 없다

눈을 씻고 다시 보아도 말갛게 갠 하늘

네 살이 채 안 된 꽃님이*
지구별에 와서 나와 놀고 간 게 분명한데
찰떡처럼 붙어 다니며 놀았는데
그 흔적 없다
텅 빈 허공이 된 나에게 씨앗 몇 톨
뿌리고 간 게 전부

그 환했던 생,
너가 지나간 자리마다
무수한 말줄임표가 튀어오른다

나는 너의

너는 나의

그리운 보로메섬**으로 남는 거야

---

*내가 그토록 아끼고 사랑하던 애견. 고작 삼 년 살고 영영 가버렸다.

**장 그르니에, 『섬』 중에서.

팬데믹

인간의 감정에 대해 생각해본다
눈만 뜨면 오감(五感)을 가동하여 상하좌우를 살펴서 숙주를 찾는다
똑똑하면 똑똑할수록 오차를 내지 않는다
감정의 바이러스를 과다분비시켜서
정확하게 안착까지 성공한다
부모는 자식에게, 자식은 부모에게
친지, 지인, 불특정 다수에게
그런데 웬일인지
빛나는 날[刃]을 세워 자기를 치는 일이 다반사이다
수북하게 올라오는 마음
감정의 바이러스는 매일 양성을 낳고
예방은커녕 대처할 백신은 없다
〈뉴스 속보〉가 떴다
코로나19 외 그 변이 일당은 급격히 줄어드는 추세이나
감정의 바이러스 외 그 변이들은
속수무책, 팬데믹 종료 불가!
이런 때

뮤즈의 바이러스가 변이를 이끌고
내게 온다면, 온다면
눈 감고 무작정
Welcome, Muse!

꿈꾼 적 없는

잠은 죽어서 자는 거라며
머릿속은 분주해진다
흰 캔버스를 펴고 붓질은
종종횡횡

잠이 달아난 자리마다
고양이 눈빛 같은
겨울 초사흘 초승달이 돋아나서
낮이나 밤이나 또렷하다
소우주의 부속품들이 삐걱거리기 시작한다
태풍 바비와 마이삭의 예보와 맞물린다
천둥 치듯 두통이 지반을 흔든다
MRI를 찍고 약을 먹는다

고딕체 일상을 뭉개고
잠은 여전히 출타 중
내 몸의 피는 냉매 역할을 하고
하루에 팔 할은 몸 곳곳 시리고 저리다

시스템의 불통은 시작점을 못 찾고
서로 싸운다

철거라도 해야지, 더는 이렇게는 못살 일이라고
얼빠진 머리를 내두를 즈음
미세하게 어떤 신경계의 손상을 잡아낸다
참, 해프닝 같은—
꿈꾼 적 없는 반란

의지를 깡그리 무시하던 독립군 몸뚱이,
누가 주인일까?
생각하는 놈은
맥을 못 춘 게 분명한데

시모니 성당*

촛불 몇 자루로 실내가 희미하고
성녀 니노의 포도나무 십자고상이 고이 간직되어 있는,
시간의 여백이 종소리를 몰고 온다
내가 아버지를 떠올리는 순간
예의 따뜻한 얼굴로 환하게 웃고 계셨다
아버지, 여기 참 좋으시죠?
성당 문을 밀고 나오는데
아버지가 숭늉처럼 훌훌 마시던 미지근한 눈물이 흐른다

홀앗이 아버진 농번기가 되면
시오릿길 공소**에 나갈 수가 없었다
미사 보러 오가는 시간을 빼면
산골 다랑이 논배미 묵어 나가기 때문이었다
주일 아침
어김없이 가족들은 줄 맞춰 앉고
작은 '성소'인 가정미사를 집전하신다
어린 내가 좀이 쑤실 즈음
성인(聖人)들의 이름이 줄줄이 호명된다

성 미카엘
성 스테파노
성 바르톨로메오
성 아우구스티누스
성……
후렴구를 따라 하던 나와 동생은 그만 혀가 꼬이고
웃음보가 터졌다
예끼! 예끼! 이 녀석들이……

긴 시간
아버진 분명한 이유로 냉담***을 하셨다

여든일곱 해,
돌아가시기 한 달 전 조용히 나를 부르셨다
얘야 내가 말이다, 난 주님의 품으로 돌아가고 싶다!

신심 깊은 막내 고모를 불러

함께 기도를 드릴 때
아버진 지그시 눈을 감고
당신의 주님을 만나고 계셨다

---

*시모니 성당: 조지아 트빌리시에 있는 대표적인 조지아 정교.
**공소: 천주교에서, 성당의 규모에 못 미치는 작은 교회.
***냉담: 가톨릭 신자가 이유 불문하고 믿음을 쉴 때를 말한다.

단풍

물든다는 건 참 아름답지
11월의 길가엔
천수(天壽)를 누린 노인들이 한데 모여
오색 콜라주를 빚고 있지
가벼워서 날아다니는 몸들
풋내 나는 젊음을 사르고
맵고 짜고 조금은 달콤한 가족을 사르고
수많은 일상을 통틀어 사르고
비로소 여백으로 돌아와
비움의 문장들 넘치게 출렁이고 있지
마지막 지상의 경유지에서
못다 한 꿈의 모서리 벼리고 있는
신생의 별들
이슥토록 모여서
감꽃 같은 노래를 줄줄 꿴다
느지막이 안녕을 고하는
물들어서 아름다운
저 몸들

뼈 사람*

깡나목으로 한 사내가 걸어온다
인체 해부학실을 막 빠져나온 듯
걸음을 옮겨놓을 때마다
속 빈 뼈마디에서 비명이 샌다
조로(早老)를 앓는 사내는
현재 나이 쉰둘
신체 나이 일백오십 살

3배 속도로 차입한 시간의 부리 앞에
몸에 붙은 살점 다 내주고
뭉그러진 눈을 하고 있다

일백 년도 넘는 폐허 한 채
일생을 받치고 있던 대들보가
지지대 한 자루 붙잡고 버틴다

자코메티**가 그의 작업실에서
진실을 찾기 위해 피를 말리고 살을 태운다

양파를 까듯 끊임없이 껍질을 벗겨내고 있다

사내의 살은 여전히 산화 중이고
진실의 토대는 아슬아슬하다

---

*병적으로 몸의 신진대사가 너무 빨라서 실제로 세 배로 빨리 늙는 사람.
**자코메티: 스위스의 조각가, 화가 가늘고 긴 인체 조각에 몰두함.

슬리퍼 한 짝

골목 한편에 난파된 귀 한쪽
소리를 낳고 있다

끌리는 난 끌려다니는 난
늘 낮은 소리를 채집한다
건들대며 두리번거리는 귀로는
채집이 안 된다

그래서 내 두 귀는 빨리 닳는다

견고한 시멘트 바닥 아래를
더듬다 보면
흙의 심박과 산란,
낮은 데로만 임하는
물길의 오체투지에 반해서
순간을 잊기도 해

사람들이 드물게 골목을 비운 지금

내 청각 신경들은 가지런히 촉수를 내려서
한껏 뿌리로 향한다

다시 한 번 남루를 벗고
생채기 난 빗금도 지우고
마음에 난 네모
모서리 꼭짓점도 지우고

부채

부채질은 당치도 않은 요즘
부챗살을 활짝 펴고 한지 위에 그림을 그린다
통풍 잘 드는 모시 한복을 꺼내 입은 듯
고아(古雅)하다

장인(匠人)의 손길은 섬세하고 유려해서
거친 닥나무껍질, 촘촘한 체에 걸러
다치지 않게 바람 효소를 뜬다

더러는 햇살, 비바람, 안개 같은 것들
동량으로 켜켜이 안치고
익혀온 대나무 속,

쥘부채를 들고 바람을 부른다

성근 댓살 사이로 바람의 향 만개하고
그 결이 가닿은 곳의
데자뷰,

젊은 엄마가 잰걸음 놓을 때마다
옥당목 행주치마
긴 끝자락을 스치던 바람결
가만히 눈 감고
엄마 냄새, 그리운 향에 귀 기울인다

무궁화

뜰 한 편에 무궁화 피었다

연보랏빛으로 물든 멍 자국을 보며
스멀스멀 가려움증 올라온다
오른손을 들어 왼 가슴에 대고 의례를 하지 않아도
아련히 먹먹하다
오랜 시간 여몄다 풀었을 가슴
사명은 왜 또 그리 붉었던지

나라 수호에는 퇴역이 없노라고
바람결에 훈장을 싹싹 문질러 닦아서
반짝반짝 달고 서 있다

한참을 풀어헤친 시간들을
궐련초처럼 돌돌 말아 여미고
툭, 투둑 툭……

바닥이 자랑스럽다

제3부

불면

문이 있다면
천 근 눈꺼풀을 겹겹이 잠그고 싶다
문제는
잠근 문 안에서
뭔 낮달 같은 한낮이
세수를 말끔히 하고
뽀얗게 일어나 앉아 있다는 거지
그때 각성에 사로잡힌 의식들 다 불러모아
단전에 힘을 꽉 주고 외친다
전체 쉬어!
그냥 쉬어!
새까만 밤을 아사삭 다 갉아먹고
누에처럼 자고 싶다
참 고요한 짐승
불면(不眠)은
밤새 집 몇 채쯤 너끈히 짓고
하얗게 나가떨어진다

TV 옮기기

우리 집엔 여백이 없어.
(속엣말을 끄집어내면)
P는 대꾸 대신 심드렁해진다
작정을 하고 티브이를 옮기기로 했을 때
P의 불만은 벌겋게 팽창했다

일찌감치 골방에 틀어박히라는 거야, 뭐야!
아니 티브이 볼 때만 그러고
심심하고 담백함을 좀 즐기자는……

65인치 벽걸이 티브이를 옮기고
그의 책상과 컴 세트를 옮기고
방을 한층 아늑하게 꾸민다

P는 방에만 들어가면 안 나온다
누워서 티브이 보고 책상에 붙어 앉아 컴 하고
반듯한 네모와 맞춤이 되어간다

거실의 공기는 물소리만 안 날 뿐 고요하고
티브이 소리 소거했을 뿐인데
우후죽순 자라나는 여백

그 텅 빈 공간이 있어 그릇의 기능이 있게 되듯*
창을 내어 그 텅 빈 공간이 있어 방의 기능이 되듯*

모처럼 P를 불러내어
이야기 한 잔을 청한다
커피 향이 날아가기 전에
나는 그의 잔에 여백을 따른다

*노자의 도덕경 제11장에서 인용.

어른아이

팔십은 족히 넘은 노인 네댓이
동, 서로 트여 바람이 잘 드는 옥외 현관 바닥에
돗자리를 깐다

늙는다는 건 어느 시점부턴 비슷해진다

할머니들 표정이 지평선 끝자락 같고
바람결에 살이 튼 나뭇등걸 같다
깔깔댈 일 별로 없고 귀신도 보이는 나이에
벌벌 떨 일 없고,
숫 없고 탄력 잃은 머리카락에 파마를 해도
사방공사 시즌에 식목한 묘목처럼 속이 휜하다

불현듯 젊은 엄마의 추억이 시간의 태엽을 푼다
빠글빠글 파마를 한 엄마들,
아버진 그때마다 토인(土人) 같다고 못마땅해하셨지
긴긴 여름 해 지고
앞마당에 모깃불 피우고 도란도란 모여앉은 쉼표 같은 엄

마들

무슨 이야기 끝에 자주 웃음이 흘러나왔다
깜깜한 냇가엔 처녀애들 등목하는 소리

화투장 내려놓는 할머니들 곁으로
젊은 댁 몇이 눈총을 쏘며 지나간다
(편한 집 소파 놔두고 왜들 저러신담……)

할머니들 치마폭 앞엔 동전이 수북하다
더없이 진지하게 놀고 계신다
할 일 마친 도인처럼

붉은 십자가

아주아주 높은 펜트하우스엔 예수가 살지 않는다

낮은 곳만 고집하는 예수

다투어 올라가는 고층 건물 사이, 저 저 아래
낮 동안 깡마른 몸으로 묵상 기도만 하다가
밤이 범람하는 시간이 돼서야
수십, 수백의 몸으로 나투어
붉은 피를 철철 흘리는 예수

사람들은 비교적 높은 곳에서
피범벅이 된 예수의 형상을 내려다본다

그 형상을 팔아먹고 골고다 언덕까지 사버린 지 오래
꿈쩍 않는 아성, 견고히 쌓아 올려
그 안으로 들어오는 자들의 정신을
전투적으로 거룩하게 몽땅 사버린다

아직도 모른다는 것을 모르는,
무얼 믿는지조차

오늘 밤
예수의 충혈된 눈빛이
붉은 말씀이,
낮은 지붕 위에서 내려오고 있다

주상절리

고금(古今)을 여는 압축파일

대낮에도 등불을 밝히며 눈 밝은 이를 찾는
철인(哲人)의 기침 소리 들리는 듯

가브리엘 가르시아 마르케스가
백년의 고독을 두근두근 부려놓는 사이

소월은 가시는 길마다 진달래꽃을
듬뿍 뿌려놓을 작정인,

혜안(慧眼)의 바닷가를 에워싼
주상절리

확장 공사를 마친 대형서점 안
아슬하게 견고함이 층을 이룬다

소금

펄펄 끓는 칠팔월
날이면 날마다 오체투지
태양제 삼매에 들더니
어느 바람 드는 날
투명한 사리(舍利)가 만 석
태우고 태운 자리마다
너의 재가
눈부시다

이사하기

참 이상하지
밖에서 보면 건물들은 그저 구멍 숭숭 뚫린
벌집 같아 보이고
안에서 밖을 내다보면
조망권이 생겨 뷰가 좋다고
입을 모아 환호하지

길거리, 허공, 하늘까지도
무차별 재단해대는
현대문명의 불편한 진실

역세권, 학세권, 숲세권, 조망권, 무슨무슨……

수평을 무시하고
척추를 곧추세워 1자 목이 된 건물들은
물구나무서서 거꾸로 세상을 본다

3층 내 집, 19층 앞 건물이 떡 버티고 서서

진종일 들어오는 빛을 내치는 바람에
이사를 결심한다

13층
콘크리트 우거진 숲으로 올라온 지도
세 해,
땅값이 비싸서 지상으로 내려가긴 다 틀렸다

등, 사라지다

대형 포클레인이 덮쳤다, 한순간이었다
기억은 그랬다

산은 아파트 정문과 맞닿아 있었고
근 이십 년 인연에 이전부터 쭉 붙박이였다고

산은 늘 온몸을 쓰며 분주했지
설익은 시간은 숙성시키고
쓴맛은 거르고 불순물은 생략하고
치우치지 않는 기호로
효소를 만든다는 소문이 파다했다

사람들은 나무들이 내뿜는 숨결을 퍼마시고도
대취하지 않았다

거덜 난 일상이 덜그럭대는 날
산에 들면
붉으락푸르락 구차함이 스스로 힘을 빼고

가지런히 쪼그라든다

말 못하게 시린 앞을 대신해서
슬며시 등을 받쳐 기대게 해주던
앞이며 뒤였던,
숨을 살려내던 푸른 집
전생 같은 데자뷔가 사라졌다

평생을 가불해 썼던 아버지의 등
우리가 무너뜨리기 전
흔들렸을 때를 알았다면 달라졌을까

갓밝이 무렵

부드러운 칠흑이
모자라는 내면의 살을 채우느라
밤은 기꺼이 수술대가 되어주고
새벽이 되어서야 환부는 감쪽같이 아문다
겨울 아침, 정확히 아침 7시 43분
오늘 분의 무량한 조명은 켜지고
무대는 완벽하게 열려서
가보지 않은 초입의 길을 건너
첫발을 내딛는다
가장 치열한 연극 한 편이 예고된 바
무대는 빈틈없이 차오른다
가닥가닥 줄 없는 줄을 잡고
현을 타기 시작한다

실상(實相)이 삼라인데
무상(無常)을 들먹이며
단막극에 목을 매지
단 한 마디를 놓지 못하고

만선(滿船)

강화 교동대교를 건너기 전
통행 검문을 거치면 곧 민통선 마을로 향한다
가을 물도 깊어진 시월 하순 하늘이 차일을 친다
바람은 닻을 내리고 어선 수십 척을 부려놓는다
벼를 다 베고 난 논바닥마다
햇살 투명한 그물 드리우고
반가운 손님을 기다리는 중이다
남과 북이 갈마드는 하늘가엔 여전히 수묵처럼
번지는 것들, 슬픔은 진즉 화석이 되어버렸지
멈춘 시간 사이로 박제된 평화가 들쭉날쭉 흐르고
새들이 길을 내준 허공,
투명한 바다가 만조를 이룰 때쯤
하 많은 철새와 텃새들이 새까맣게 몰려와
무한 자유를 산란하며 터질 듯 그물을 채운다
드디어 평화,
만선이다!

유례없이

—2020, 여름

긴 장맛비에 지구가 둥둥
산천이 퉁퉁 붇고 묽은 젖이 줄줄 샌다

지구에 불이 붙었다
얼마나 열을 올려놨던지 전방위가 다 불바다다
지구촌의 들끓음은 극지의 빙토를 녹이고
해수면의 수온을 상승시켰다
참다못한 열기가 증발하듯 도망친다
물이 타서 그 연기가 허공으로 올라가는 거지*

날마다 약오른 이기심,
예수를 팔고 하나님을 빙자한 유다들
광장을, 대로를 활보한다
광인(狂人)들이다
정쟁(政爭)은 메카를 벗어나 아예 벡터를 잃고
수평의 느린 행보가 아득하다

급기야 하늘은 지구의 불을 끄려고

검은 전사들을 누 떼처럼 풀어버렸지
지상의 눈, 코, 입 일그러져서 맹물 넘쳐난다

오래전
혹은 가깝게
지구별을 떠난 인연들이 궁금하다
초롱초롱 그 별나라에도
곳곳이 그만 큰물에 잠겼을까?

---

*김기택 시인의 시, 「물불」에서 차용.

촌집

호시탐탐 바람 쐬러 간다
들로, 산으로, 촌락을 찾아 나다닌다
요즘 말로 멍 때리러 간다
아무도 알아주지 않는 숲바람에 몸을 맡기고
논두렁 밭두렁에 콩 대신 마음 한 톨씩 떨구고
흐르는 물가에 앉아 맑은 소리 한 바가지 훔치다가

무려 사십 살 먹은 촌집 한 채와 인연이 닿았다
동(東)으로 매일 해를 밀어 올리며 문수산이 푸르고
서(西)로 철책선 끼고 염하강이 아릿아릿 흐른다
어린 모가 자라는 무논엔
왜가리 네댓 마리씩 젓가락 같은 다리로 서성대는

엽낭거미 몸통 같은 집
근력 빵빵하던 몸뚱이는 다 파먹히고
뼈만 앙상하게 남은 거처
가족들의 생기(生氣) 모조리 파먹히고
푸석하게 숨만 쉬고 있는 그 집

어쩔 수 없이 흔적들은 쓸쓸해

그마저 지워지기 전에
이것도 기막힌 인연
어쩌면 내가 더 팔팔해질 게 분명해서
겁나게 좋아지는 이유 하나를
지레 흩뿌린다

홍수

그녀는 일일이, 번번이
지나온 삶의 갈피에 각주(脚註)를 단다
백과사전도 사라지는 마당에

실 뜨개 모자와 빨강 마스크를 쓰고
날마다 구두와 원피스가 바뀌고
목걸이 반지가 반짝인다

시스루 새하얀 날개를 입은 사연들이
콸콸 쏟아진다
물 위에 비누 풀리듯
무지개 방울들, 아니 말[言]들,
눈부시게 부풀다가 수없이 미끄러진다

살면서 더러 누수(漏水)에 눈 감고
시나브로 증발을 시켰어야 해

그녀의 몸은 말의 감옥이고

말을 품은 자궁이고
말이 만조를 이룬 바다였다

나는 자꾸 주위를 살핀다
발이 젖고 발목, 무릎이 잠기고
꾸역꾸역 억수로 말해야 하나
내가 지금 떠내려갈 거 같다고

기도

부모는 오매(寤寐)
자식과 가족의 안위를
기도하고

앞서 도(道)를 이루신 부처는
중생들 각자 '참나'를 찾아라!
기도하고

다른 건 몰라도
시인은
오롯이 물아일체(物我一體) 앞에
마음 모으는 것

제4부

몽돌

화석이 되기 전
저 알들도 부화를 꿈꾸었으리라

바다는 언제부터 입덧을 시작했을까

수억 년 헛구역질을 하다가
마침내 쏟아놓은 저것들

중력

덤벨 5kg 두 개, 2.5kg 네 개를
양쪽에 꿴 운동기구를 들고 1회 열다섯 번씩
스쿼트를 한다
허벅지의 탄력과 힙업(hip up)을 위한

부드러운 대기 속 어디에
덤벨의 무게보다 더한 중력이 찍어 누르고 있다
사실, 지구별의 시간은 우리를 자꾸만
아래로 아래로 이끈다

up? 시킨다는 것은
만사 귀찮이즘에 걸린 세포를 들깨우는 일이며
물먹은 솜 같은 세월을
들어 올리는 거다

반지하 헬스장 안
시시포스(Sisyphos)들
처진 어깨에 돌덩이 끙끙! 얹고

딱 오늘 분(分)의 고지를 향해 치오른다
짜부라지는 중력에 맞서
up, up!

모나미 볼펜

가슴에 피가 다 마른 나를
누군가 바닥에 떨어뜨렸다
잽싸게 탁자 밑으로 굴러 들어가
가벼움을 베고 가만히 눕는데
어슬렁 다가오는 녀석
내 몸통을 물고
가죽 소파 위로 냅다 뛰어오른다
제 껌과 길이가 얼추 비슷하다고 생각했는지
대가리와 주둥이를 번갈아 씹기 시작하더니
이번엔 등짝을 박살 낸다
가슴에 피가 한 방울도 없는 난
그냥 그대로 숨을 놓는다
일찍 죽어 미라로 살 뻔한 나를
깨끗이 장사지내주려 한다
구차하게 굴러다니며 살아도 산 것이 아닐 게 뻔한데
분골까지 해준다
주인 여자가 혀 한번 끌끌 차더니
한 줌 나를 그러모아 분리수거 봉지에

훌훌 뿌린다
가슴에 피가 돌아야 살지
머리만 핑핑 돌아가는 세상은
어쩐지 위험해!

네거리 신호등

다이아몬드를 깎아 들어가듯 네거리 횡단보도를
개미군단처럼 건너는 사람들

잠시 질주의 본능 내려놓고
처음 본 것처럼
마지막 보는 것처럼
유독 빨강 등(燈)에 눈이 먼다

날 흐려서 안 보일 때
붉은 노을마저 삼켜버린 시간에
마음 시린 그런 날에도
네거리 둥근 해는 보란 듯이 잘 매달려 있어서
서녘 해를 욕심껏 들인다

붉은 홍시 한 알과
내 허름한 허기 한 줌과
물물교환한다

몽돌의 노래

한센병을 앓는 환우처럼
날마다 지워져서
더는 알아볼 수 없었고
내가, 당신들이 있었던가 싶게
다 끝났다!
몸 한 번 뒤채는데
부딪쳐 깨어지는 소리
울림이여
소우주를 막 벗어나는 종소리는
어느 먼 먼 생애로부터 시작해온 것인지
몸은 소리의 집이 되어
점점 가벼워진다
소리들은 멀리멀리 파문 져 난다
아, 저 와불(臥佛)들!

아버지

계수나무가 회초리 한 아름을 안고 벌을 서고 있다
봄부터 가을까지 하트 모양 가슴을 푸들푸들 달고
한바탕 사랑 캠페인을 벌였지
나목(裸木)의 의인은 전한다
사랑엔 꼭 상(賞)만 있는 게 아니라고
사랑의 매를 들던 아버지가 시공을 넘어오신다
성적표를 내밀고 눈치를 살피는 오빠와 나에게
조목조목 짚어가며 따뜻하게 인정하고 독려하신다
학기 말 성적에 기회의 징검돌을 걸어두신다
학기 말 성적표 보는 기준은
'본분을 잊지 않은, 성실성 테스트'라는 걸 안다
평균 1점이라도 내려가거나 제자리걸음일 때,
약속을 어긴 대가의 룰은 엄연했다
스스로 매 대수를 정하고 우리는 나뭇간으로 간다
오빤 매끈하고 굵은 싸릿가지 회초리를 골라 뽑고
나는 머뭇머뭇 눈초리만 굴리다 시원찮은 싸릿가지를 들고
아버지 앞으로 나서면 점잖게 벌(罰)을 집행하신다
(정직해야 한다)

아버지의 평소 속엣말이 들리는 건
오래도록 마음에 붉은 멍이 들지 않은 이유이다
꿈속에서도 만나지 못하는 아버지
바람이 차고 허공이 시린 계절 앞에
문득 젊은 아버지가 회초리 한 다발 꽉 끌어안고 서 계신다
사랑은 주고
아픔은 도로 가져가신 게 분명하다

이국만리 마실 가듯

봄빛이 완연한 날 하늘길에 오른다
보부상처럼 짐을 꾸려 이국만리로 마실 간다
만 하루가 안 걸리는 시간에 내 나라와 반대편에 있는
해가 늦게 지는 나라에
다섯 배가 넘는 땅덩어리, 넓을 수밖에
이방인에겐 이국의 하늘과 바다, 그이들의 일상까지
낯설어서 신선하다
당장 말이 통하지 않아도 지구인으로서 무엇이 아쉬우랴
지구인들은 옷깃 스치는 한 소리에도 찰나가 통하는 걸
문득 부모님이 떠나신 여행길에 대해 생각한다
여행이라곤 농번기가 시작될 무렵 봄놀이가 다였고
추수 후 마을 놀이가 전부였는데
건넛마을 마실 가듯
마지막 떠난 여행치곤 아득히 멀어라
왕복 티켓은 아예 염두에 두지 않고 떠난 여행
난 열이틀 여행을 마치고 돌아와 시차를 극복하느라 끙끙대는데
당신들은 왜 감감한가요

겪어보니 고단함과 지루함이 말이 안 되게 심하던데요
그때 당신들이 가시는 여행길은 기가 막히게 멀다고
좀 더 말리지 못한 것이……
봄꽃 흩날리는 하늘가
무언의 꽃말들이 어지러워요
당신들이 보내는 기별인가 싶습니다

자목련

자줏빛으로 흠뻑 물든 여자가
방금 지은 햅쌀밥 같은, 윤기 나는 햇살을
버무려 입고 서 있다

바람이 불 때마다
아으, 저 고혹적인 눈길

밤낮으로 직조한
봄, 여름, 가을, 겨울 다시 봄
그녀의 깊음이 비어져 나와
한날 원초적 붉음으로 흐드러지더라

평생을 꺼내 보아도
비등점 직전에 고개를 떨군
꽃송이 몇이 찰나를 스친다

생, 저렇게 환히 흐드러질 수 있다니!

온통 붉은 그녀가
토슈즈를 신고
경쾌하게 넘친다

비 오는 밤

자글자글 자작자작……

낮은 온도에서 기름 졸아드는 소리
달군 프라이팬에 가끔 물방울이 끼어들어 한바탕 요란을 떨듯
치자마자 잦아드는 천둥 소리

온통 먹물을 뒤집어쓴 듯 사방이
넓고 둥근 프라이팬으로 번져갈 즈음

거실 탁자 위엔
어제의 낮 뒤에서 서성이던 둥근 달이
한밤중 달맞이꽃으로 쑥 피어올라
샛노랗게 익어가는 소리

불현듯
하이드 씨 모드로 찾아온 불면
할 수만 있다면

결대로 쪼개어
오늘 밤
숙면의 아궁이에 불쏘시개로 던져넣고 싶어

한층 묽어진 마음 한 국자 깜깜한 프라이팬 위에 올리자
자글자글 자작자작……

굳이 사랑!

너의 눈동자 안에
내가 가득 들어 있네

내 눈동자 안에
너를 가득 들일 수 있네

너와 나 사이
은어 몇 마리 반짝반짝 튀어도 좋아라

눈부처* 오시는 날
우리는 서로 꼬옥 끌어안고
쩔쩔매네

굳이 사랑!

---

*눈부처: 서로의 눈동자 안에 비치는 상.

몽골의 밤

밤이 되자
하늘은 수문을 연다
시원(始原)의 바닷물 함부로 넘친다
깊은 한낮을 유영하던 물고기 떼
가만가만 출몰하기 시작하고
갓 잡은 멸치 그물을 털듯
하늘 부둣가에선
푸른 비린내 흘러내린다
큰 국자를 들고 달려온 북두칠성이
튀는 꿈들을 퍼 나른다
먼저 간 이들이
하나 둘씩 마음을 켜 들고
무한 신호를 보내고 있는 몽골의 밤
괜찮다고, 잘 있다고
별 사원(寺院)이 들어서는 현장엔
별 부스러기 날리고

데자뷰

오늘은 기어코
저 연어가 되어보는 거다

집 앞마당 둥근 꽃밭엔 끝이 뾰족한 삼각뿔 모양 노간주나무가 싱그럽고 여름 이마가 들끓는 날에는 꽃들이 한창 피어난다 묵은둥이 키 큰 달리아, 엄마의 둥근 웃음 같은 함박꽃, 담배초, 백일홍, 족두리꽃, 봉숭아, 분꽃, 채송화, 한련화, 맨드라미, 과꽃…… 한결같이 긴긴 여름날 더위에 짓무른 가족들을 웃음으로 반기고 향기로 배웅한다 대문 빗장 열고 밖으로 나가면 사람들 발자국만 채집하는 고샅이 약도를 그린다 고샅만 요리조리 따라가도 누구네 집이든 다 갈 수 있다 눈을 들면 저 멀리 언덕배기 동구(洞口)가 보이고 장날 어머니만 눈 빠지게 기다리던 날들이 있었다 동구 밖 너머 신작로가 신세계처럼 펼쳐진다 드물게 버스가 다니고, 어른들이 장에 가는 길이며 언니 오빠들이 걸어서 읍내에 있는 학교 가는 길이다 정작 그늘을 드리우는 일엔 인색하지만 신작로와 한 몸이 된 미루나무 늠름하게 늘어서서 쓰르, 쓰르르 매미 소리만 날려도 참 정겨웠다 다리가 아프거나 걷는 게 따분해지면 아무

렇지도 않게 지나가는 차를 향해 팔을 들어 휘저었다 그것이 나중에야 히치하이킹이라는 걸 알았다 가끔은 닷새에 한번 서는 시장통을 휘돌며 왁자한 세상 구경을 하고 우리는 차부로 몰려가서 이방인들이 묻혀온 바람을 실컷 쐰다 꼭 어딘가에 있을 것 같은 파랑새를 좇고 싶어 가보지 않은 길을 하염없이 동경하던, 그런 날들을 통틀어 생각한다

꽃밥

멀리 갈 거 뭐 있니?

온몸 흐드러지게 피워
환하게 웃고 계시네

당신이 자꾸 시든 풀잎처럼 누우려 할 때
자아 한 입만,
아, 아, 한 입만
마음 착한 막내가 한껏 제 입을 벌려 부추기면
아가처럼 딱 벌린
당신의 입안
따순 꽃잎이 한가득이었지

뜰 앞 고봉으로 내려앉은
벚꽃밥

해설

완생(完生)으로 변주되는 존재들

최광임(시인·두원공대 겸임교수)

근대는 비극의 성격을 바꾸어 존속시키지 사라지게 하지 않는다. 영웅서사시가 사라졌다고 해서 시 자체가 사라진 것은 아니듯, 희망이 있다고 하여 인간의 비극이 사라진 것은 아니다. 자본주의 시스템 안에서는 생존경쟁 자체가 고통이며 그 비극적 과정을 거쳐야만 천국이든 극락이든 가게 된다. 그러므로 비극의 주체는 영웅에서 일반인으로 확대 생산되고 있는 것과 다름없다. 현대인의 삶에 비극은 이미 내재해 있으므로 이제 역설적이게도 남은 것이라고는 희망밖에 없다 해도 과언이 아니다. 우리가 희망을 삶의 에너지로 삶는 이유이다.

김수지 시집 『그 이상의 오브제』는 생의 에너지로 충일하다. 김수지의 시적 존재들은 전반적으로 밝고 명랑하며 역동적 에너지로 넘친다. 「난타나꽃」, 「동백꽃전(傳)」, 「임플란트」, 「단풍」, 「어른아이」에서와 같이 시적 존재들은 이미 생의 몇 구간을 건너 지는 꽃이 되었거나 노년에 접어들었음에도 과거의 생의 고통을 현재로 끌고 오지 않는다. "인간이 겪는 고통과 슬픔이 있는 한 비극은 끝나지 않는다"는 테리 이글턴(T. Eagleton)의 말처럼, 과거에서 현재에 이르기까지 슬픔과 고통은 지속된다. 그럼에도 시인은 존재들의 비극적이었던 생의 구간을 물고기가 빠져나간 그물처럼 성글게 그리고 있다. 시인이 성근 그물의 공간을 의성의태어로 채움으로써 존재들은 역으로 생기발랄 역동적인 생명성을 갖는다. 김수지의 이러한 변주 능력은 현존재의 모습을 설명하기 위해 사용하는 '가아(假我)' 개념에서 출발하여, '나다운 나'를 찾는 일에 심취해 온 시 의식의 응축으로 보인다. 지난 삶에 대해 얽매임 없이 시인은 현재 조우한 존재들을 완생으로 변주해낸다. 이는 "그냥 쭉 나 아닐 때도 나"(「참나를 찾아」)라는 인식에 다다랐을 때 가능한 포지션이다.

아직 하늘가엔 물기가 그렁하게 고여 있고
늦여름이 촉촉하게 남아 있어요
요즘 들어 부쩍 말개진 햇살과 성긴 바람을
부지런히 버무려서 불쏘시개로 써야겠어요

중불에 올려서 끓입니다
이제부터 약불로 내려서 뭉근히 졸이기 시작합니다
시간이 흐를수록 아마도 일곱 번
그 이상은 색깔의 변화를 주는군요
얼마나 졸였을까, 완생으로 가는 길목은
봄부터 겨울을 무던히도 오갔겠지요
가만히 들여다보세요
막 매듭진 단막극처럼 단독으로 피어나
다닥다닥 모여서 큰 송이를 이룬 거예요
요람에서 시작하여 거듭 변주되어 온 여정이
따로 또 모여 단단히 어깨를 걸고
둥글게 둥글게 강강수월래를 불러요
그게 다가 아니에요
드디어 샛노랗게 익어서 마지막이라 생각한 둥근 일생
이
붉고 붉은빛을 뿜어대네요
카프카도 능가할 '변신'을요
난타나꽃이 붉은 색깔로 무르익어서 타고 있어요
활활 타고 있어요!
그리곤 넘어가는 중이에요 저쪽으로요
무엇이 목에 걸린 것처럼 뜨거워요
서녘 끝이 활활 타는 저걸 좀 보세요

해탈이에요!

분명히 건너가는 바라밀다 아닌가요

—「난타나꽃」 전문

열대 아메리카가 원산지인 난타나는 늦봄부터 늦은 여름까지 꽃을 피운다. 꽃의 색이 일곱 번 변하는 과정을 거친다고 하여 칠변화라고도 한다. 꽃말은 엄숙, 엄격, 변하지 않는 사랑으로 화려한 꽃과는 대척점에 있다. 시 속의 시간은 늦여름으로 난타나꽃이 월동준비를 해야 할 시기이다. 숨은 화자는 정성을 다해 뜸을 들이듯 "약불로 내려서 뭉근히 졸이"는 심정으로 늦은 꽃봉오리가 만개하기를 바란다. 시인은 "완생으로 가는 길목"에 있는 난타나가 "봄부터 겨울을 무던히도 오갔"을 것이라고 유추함으로써 시간 안에 배어 있을 삶의 여정을 마음 졸임에 대비시킨다. 하지만, 봄부터 겨울 사이 겪었을 역경은 "막 매듭진 단막극"이나 "요람에서 시작하여 거듭 변주되어 온 여정" 정도로 일축한다. 숨은 화자에게는 난타나가 꽃을 피우기까지 자라온 시간은 중요하지 않은 듯하다. 보이는 것은 오직 단독으로 피기 시작하다가 따로 또 모여 단단히 어깨를 겯고 강강술래를 부르는 모습이다. 시인은 난타나꽃이 거기서 멈추지 않고 다이내믹한 생으로 변주되는 것을 목도한다. 난타나꽃은 샛노랑에서 "카프카도 능가할 '변신'을" 꾀하여 붉고 붉은빛을 뿜어내는가 싶더니 불덩어리가 되어 활활 타는 상황에 직면한다. 시인은 그 광경을 난타나꽃의 "해탈"에 비유한다. 시인은 난타나의 생이 번뇌의 얽매임에서 풀리고 미혹의 괴로움에서 벗어난 바라밀다 상태에 이르렀다고 본다. 시인은 그것을 "완생"이라고 한다.

다가가는 결론 늘 부족해!

사랑에,
일에,
예술에 미치고 싶어 안달이지
미쳐 죽고 싶다고……

한 틈도 허용하고 싶지 않아
물아일체를 꿈꾸지
그래야
시가 나오고
노래가 나오고
그림이 나온다고……

얼마나 미쳤으면
한 찰나에 대오(大悟) 하는가!

껍데기 나를 벗고

삼독(三毒)의 끼어듦을 일체 불허하고

찰나에

미치고 싶다!

—「미치다」 전문

위 시는 김수지 시인의 역동성 있는 생명의 에너지로 충만하다. "피가 뜨거운 노마드 족(族)" "바람을 밀며 천지에 말발굽 소리 폭발하지"(「눈 오는 날」)라고 하는 구절도 넘치는 생명성을 보여준다. 부연 먼지를 일으키며 내달리는 말의 모습은 초원을 뒤흔드는 말발굽 소리와 자동기술적으로 겹친다. 시인은 이러한 역동적인 삶이 "얼마나 신나는 일인가!"(「수박」)라고 자문하지만, 이런 태도는 사실상 삶에 대한 초긍정에 가깝다. 그런가 하면 시인은 삶이 "원초적인 색깔을 입고 누비는" 것이며 "신비롭고 아름다운 세상을 사는 거"(「생 폴드 방스」)라고 한다. 규율 사회와 과학의 시대에는 원초적인 색깔은 오로지 자연만이 가능하며, 대자연만이 불가해한 신비로움을 보여줄 수 있기 때문이다. 그러한 의식은 시인에게 "매사, 다채롭고 스피디하게 전개된다"(「꿈을 꾸다」). 시인은 이제 "생, 저렇게 환히 흐드러질 수 있다"(「자목련」)라는 깨달음에 다다른다. 흐드러진다는 것은 만개한 꽃이 절정에 달한 상태를 유지한다는 의미로 시 속의 화자 또한 주체적 정신의 소유

자로 존재한다는 의미기도 하다.

그렇기에 생의 리비도가 넘치는 시인은 자신이 좋아하는 것들을 즐기는 수준을 넘어 심취하고 몰입하기를 갈망한다. 바람을 의미하는 "싶다"라는 동사와 어떠한 대상에 미쳐서 한 순간에 대오한 존재를 대비시킴으로써 시인도 '미치는 상태'에 이르기를 바란다. 시인은 "사랑에", "일"에, 그리고 "예술"에 미치는 방법을 알고 있다. 그러나 그것에 번번이 실패하는 이유는 삼독(三毒)의 장애 때문이다. 탐욕(貪慾)과 진애(瞋恚) 그리고 우치(愚癡)의 번뇌에 둘러싸여 시인은 자유롭지 못하다. 말하자면 "껍데기 나를 벗"어야만 삼독에서 벗어나는 것인데, 세속에서는 그 일이 결코 쉽지 않다. 그럼에도 시인은 '미치는 상태'를 향해 가멸차게 간다. "빛보다 빠르게 분열하고 변하는/무수한 '나'를 대입하지 않아도/진짜 나는 끄떡없"(「대입법(代入法)」)는 '참나'로서 자기 수양적 삼매를 견지하면서 말이다.

결기가 대(竹)처럼 곧고
예(藝)가 무르익어
여전히 그윽하고 아름다웠소

황진희
허난설헌

논개
꼭두쇠 바우덕이……

한 번도 보지 못하여 심중만 부푸는 날
물증을 가득 안고 오시는 당신들의
행진을 보고 있소

이 엄동에 오시어
뜨거운 마음을 콸콸 토해내고 있소
마침내 세 번째 피어나는 중이오

—「동백꽃전(傳)」 부분

붉은 꽃은 여인의 고혹적이고 강렬한 이미지를 상징한다. 게다가 3월 경칩 즈음에 피기 시작하는 다른 꽃과 달리 동백꽃은 11월 말경부터 피기 시작해서 2~3월에 만개한다. 동백꽃의 생화기가 여느 꽃들과 다른 만큼 사람들은 동백꽃을 시대를 앞선 사람에 비유하거나 결기의 꽃으로 여긴다. 김수지 시인 또한 동백꽃이 피고 지는 풍경 앞에서 시대를 앞서 살았던 옛 여성들을 소환한다. 동백은 꽃이 지는 모습도 여타의 꽃들과 다르다. 꽃잎의 색깔이 변하지 않고 붉은 꽃봉오리 그대로 떨어진다. 떨어져서도 한동안 모습을 그대로 유지하며 땅 위에서 붉음을 유지한다. 「동백꽃전(傳)」은 시대에 맞서 결기로 살다 간 여성들의 미완의 삶의 행적을 동백꽃에 기록함으로써 시공을 넘어와 동백으로 되살아난 그녀들의 삶을 완생으로 이끈다.

드르륵, 드르륵, 드르르……

도시 개발이 한참인 우리 동네
도로의 반을 가드레일 치고
표면을 뜯어내느라 쇠박음질을 해댄다
두더지가 쑤셔놓은 듯
아스팔트 뗏장이 떼걱떼걱 일어난다

흰 가운을 입은 의사는
육십을 넘게 달려온 길 하나를
긴 의자에 눕힌다

민첩하고 숙련된 손길이 발파작업을 시작한다
드르륵, 드르륵, 드륵드륵……

순삭된 시간의 뿌리를 말끔히 들어내고
21세기의 튼실한 광물 기둥 한 주를 시공하는 거다

—「임플란트」 부분

시를 읽다 보면 김수지가 오브제로 차용하는 주된 시적 대상이 무엇인지 인지하게 된다. 김수지는 사람에 집중한다. “성 미카엘/성 스테파노/성 바르톨로메오/성 아우구스티누스”(「시모니 성당」)를 호명하는가 하면, “샤갈”(「생폴 드 방스」)을 불러내고, “조로(早老)를 앓는 사내”와 “자코메티”(「뼈 사람」)를 교차시킨다. “예수”(「붉은 십자가」)가 나오고 “가브리엘 가르시아 마르케스”와 “소월”(「주상절리」)과 “시시포스”(「중력」)와 “하이드”(「비 오는 밤」)가 불려 나온다. 대체로 이들은 먼 옛날의 성인이거나 악인 또는 예술가다. 거기다 현존하는 등장인물들은 노년층에 접어든 사람들이다. 앞서 말한 바와 같이 이들에게서 지난날의 고통이나 슬픔은 드러나지 않는다. 현재 상황의 묘사로 늙음(낡음)은 다채롭게 변주된다.

화자가 말하는 “도시 개발이 한참인 우리 동네” 또한 오래되고 낙후된 곳이다. 마을 길은 노인의 무너진 이처럼 패인 웅덩이가 있는가 하면 갈라진 곳들 천지이다. 60살이 넘은 노인의 입속도 낙후된 마을 길과 매한가지로 마모된 잇몸과 앞니, 어금니 두서너 개씩 빠진 상황과 병치된다. 건설 시공자들이 유압 드릴로 도로의 아스팔트를 깨트리듯, 의사는 노인의 낡은 이 부수기 공사에 착수한다. “드르륵 드르륵 드르르……”, “드르륵, 드르륵, 드륵드륵……” 공교롭게도 낡은 것을 떼어내고 개발하고 치료하는 소리는 사물에게나 사람에게

나 동일하다. 시인은 낡은 것들을 복기할 자리를 요란하고 시끄러운 의성어로 대체함으로써 존재들의 지난날 고통이나 슬픔을 생각할 겨를이 없도록 한다. 시인이 즐겨 사용하는 의성의태어가 논둑의 물꼬를 막고 있듯 존재들의 과거 비극을 촘촘히 막는 역할을 한다. 김수지의 시에 등장하는 인물들은 이렇게 과거 회향이 아니라 현실에서 앞으로 나아가는 긍정적 힘을 지녔다.

물든다는 건 참 아름답지
11월의 길가엔
천수(天壽)를 누린 노인들이 한데 모여
오색 콜라주를 빚고 있지
가벼워서 날아다니는 몸들
풋내 나는 젊음을 사르고
맵고 짜고 조금은 달콤한 가족을 사르고
수많은 일상을 통틀어 사르고
비로소 여백으로 돌아와
비움의 문장들 넘치게 출렁이고 있지
마지막 지상의 경유지에서
못다 한 꿈의 모서리 벼리고 있는
신생의 별들
이슥토록 모여서

감꽃 같은 노래를 줄줄 꿴다
느지막이 안녕을 고하는
물들어서 아름다운
저 몸들

—「단풍」 전문

늙음을 보는 시각은 다양하지만, 이제는 영웅 탄생 서사가 아니라 누구나가 겪는 현대적 비극 서사의 관점에서 노인을 볼 필요가 있다. 노인이 '완생에 이르는 존재'라는 사실에 방점을 두어야 한다. 김수지의 시에 등장하는 변주된 존재들은 현재를 인정하고 긍정하며 향유한다. 고대 영웅이 불가해한 일들을 겪는 과정에서 영육이 강한 사람으로 거듭나듯, 노인의 서사 또한 현재적 관점에서 봐야 한다. 그들은 "풋내 나는 젊음을 사르고/맵고 짜고 조금은 달콤한 가족을 사르고/수많은 일상을 통틀어 사르고" 난 후라서 '가벼움'과 '여백'과 '비움'으로 충만하게 된다. 전자는 쌓인 서사이며, 후자는 '신생'의 서사가 된다. 그러므로 물든다는 것은 누추한 것이거나 아쉬움이 아니라 "신생의 별"이 될 수 있는 또 한 번의 기회이다. 이슥토록 모여서 "못다 한 꿈의 모서리를 벼"릴 수 있는 기회를 포착한 것이다. 이것이 아름다운 생이다. 도대체 이러한 단풍을 아름답지 않다고 말하는 이가 있겠는가.

팔십은 족히 넘은 노인 네댓이
동, 서로 트여 바람이 잘 드는 옥외 현관 바닥에
돗자리를 깐다

늙는다는 건 어느 시점부턴 비슷해진다

할머니들 표정이 지평선 끝자락 같고
바람결에 살이 튼 나뭇등걸 같다
깔깔댈 일 별로 없고 귀신도 보이는 나이에
벌벌 떨 일 없고,
숫 없고 탄력 잃은 머리카락에 파마를 해도
사방공사 시즌에 식목한 묘목처럼 속이 훤하다

불현듯 젊은 엄마의 추억이 시간의 태엽을 푼다
빠글빠글 파마를 한 엄마들,
아버진 그때마다 토인(土人) 같다고 못마땅해하셨지
긴긴 여름 해 지고
앞마당에 모깃불 피우고 도란도란 모여앉은 쉼표 같은 엄마들
무슨 이야기 끝에 자주 웃음이 흘러나왔다
깜깜한 냇가엔 처녀애들 등목하는 소리

화투장 내려놓는 할머니들 곁으로
젊은 댁 몇이 눈총을 쏘며 지나간다
(편한 집 소파 놔두고 왜들 저러신담……)

할머니들 치마폭 앞엔 동전이 수북하다
더없이 진지하게 놀고 계신다
할 일 마친 도인처럼

—「어른아이」 전문

시 속의 할머니들은 완생에 이른 사람들이다. 노벨생리의학상 수상자인 알렉시스 카렐(A. Carrel)은 『인생의 고찰』에서 사람이 나이 들어 상실하게 되는 신체 능력은 30%에 불과하며, 나이 들수록 신체 메커니즘은 완벽에 가까워진다고 말한다. 가령 늘어난 주름은 피부 표면의 수분이 증발하는 시간을 늦추고 자외선에 노출되는 면적을 줄이기 위해서이며, 겉으로 보이는 아름다움을 버리고 지속 가능한 신체로 탈바꿈하는 것이라고 한다. 이렇게 볼 때 '노화'는 일종의 '완생'이다. "팔십은 족히 넘은 노인 네댓이" 옥외 현관 바닥에 돗자리를 펴고 앉아 동전 화투를 치느라 시종일관 진지하다. 젊은 댁의 눈총에도 아랑곳하지 않고 노인들의 집중하는 모습에서 시인은 도인의 풍모를 읽는다. 노인들의 시선은 세속이 아닌 저 지평선 끝자락에 가 있다. 세속에서 벗어나니 고통과 슬픔은 줄어들고 화투판의 수북한 동전이나 긁어모을 생각에 궁리가 깊다. 아이의 마음으로 되돌아간 것과 같다. 요람에서 노년까지 완주한 생이 다시 유년기를 거쳐 요람으로 갈 준비를 하는 생을 두고 완생이라 하지 않으면 무엇이라 하겠는가. 그런 의미에서 이 시집은 완생으로 변주하는 존재들의 시적 기록이라 할 수 있다.

문학의전당 시인선 369

그 이상의 오브제

ⓒ 김수지

초판 1쇄 인쇄 2023년 9월 15일
초판 1쇄 발행 2023년 9월 22일
지은이 김수지
펴낸이 고영
디자인 헤이존
펴낸곳 문학의전당
출판등록 제448-251002012000043호
주소 충북 단양군 적성면 도곡파랑로 178
전화 043-421-1977
전자우편 sbpoem@naver.com

ISBN 979-11-5896-611-9 03810